START WHERE YOU ARE

從你所在的地方開始

meera lee patel

蜜拉・李・帕托　著

EVERY ANSWER IS INSIDE YOU.

答案就在你的心裡

從你所在的地方開始
START WHERE YOU ARE

作者　蜜拉·李·帕托（Meera Lee Patel）

譯者　陳映廷

總編輯　汪若蘭

內文構成　賴姵伶

封面設計　賴姵伶

行銷企畫　李雙如

發行人　王榮文

出版發行　遠流出版事業股份有限公司

地址　臺北市南昌路2段81號6樓

客服電話　02-2392-6899

傳真　02-2392-6658

郵撥　0189456-1

著作權顧問　蕭雄淋律師

2016年12月1日　初版一刷

定價　平裝新台幣250元（如有缺頁或破損，請寄回更換）

有著作權·侵害必究　Printed in Taiwan

ISBN　978-957-32-7898-6

遠流博識網　http://www.ylib.com　E-mail: ylib@ylib.com

國家圖書館出版品預行編目(CIP)資料

從你所在的地方開始 / 蜜拉.李.帕托(Meera Lee Patel)著；陳映廷譯. -- 初
版. -- 臺北市：遠流, 2016.12
　　面；　公分
譯自：Start where you are
ISBN 978-957-32-7898-6(平裝)
1.生活指導
177.2　　105018062

獻給在你所在之地的你

前言

我花了很長一段時間，才對於現在自己身處的位置感到自在。

有好多年，我留戀過去、等待未來，對自己的定位困惑，也不知自己想往哪裡去。

要承認自己很困惑又不滿於現狀，已經很不容易了，想到要做些什麼來改變，更是壓力很大。於是，我反其道而行，千方百計轉移注意力。我試著往各種不同的道路前進，只為了到達某個地方，即使沒有一條路可以引領我接近自己想要去的地方。我試過探索不同的職涯道路，因為看到別人成功，便以為自己也應該會想和他們一樣。我奮鬥著，也徘徊著，但什麼也沒改變；畢竟，如果夢想還沒有個輪廓或成形，是不可能去實踐夢想的。

我意識到不能再這樣追逐虛幻的想法、感覺和未來，於是開始非常努力地自我省思。我層層剝開自己，想要真正認識自己，找出什麼才是對自己最重要的，還有，發現什麼是自己人生真正想追求的東西。

最難以面對的提問，也能為你打開一扇門。本書每個跨頁都會有關於人生課題的名言，再搭配一個練習。練習的形式通常是表格、清單，或文字書寫，這些練習是要幫助你，把心得應用到自己的人生。在你一一按照本書的提示做練習時，你會發現有些非常不容易做到，因為你會被要求往內心更深處挖掘，去面對你隱藏的真相，或者放下你一直背負著的想法。

要怎麼使用這本書，並沒有所謂對或錯的方式。如果你誠實面對自己的想法，本書就會像一面鏡子，幫助你看到不同的自己，有十分熟悉的一面，也有未曾留意的部分。

我能給的最好建議就是，堅持下去。自我探索的過程，就跟讀完這本書之後獲得的領悟一樣重要。

依照自己的步調走。善用你所擁有的。從你所在的地方開始。

E.B. WHITE

我們要隨時留意眼前顯現的奇蹟。

E.B.懷特

列出5個你一想到馬上就會微笑的事物。

THERE ARE
FAR, FAR

better

things

ahead

THAN ANY WE
LEAVE BEHIND.

c.s. lewis

在未來等待著我們的，遠比遺留在過去的更美好。

C.S.路易斯

寫下10個你還沒有實現的夢想。

心存善念，你的臉龐就會如陽光般容光煥發，人見人愛。

羅爾德・達爾

今天有哪3個念頭會讓你想笑出來？

就算輸了，也把教訓學起來。

達賴喇嘛

想想看，最近你有沒有輸了或失去什麼？從這個經驗中，你學到哪兩個對人生有助益的道理呢？

LIVE IN THE
SUNSHINE

SWIM IN
THE SEA

DRINK THE
WILD AIR.

RALPH WALDO EMERSON

在陽光下徜徉，在大海中游泳，在大自然暢快呼吸。

愛默生

在這張世界地圖上選10個你想去的地方，然後塗上顏色。

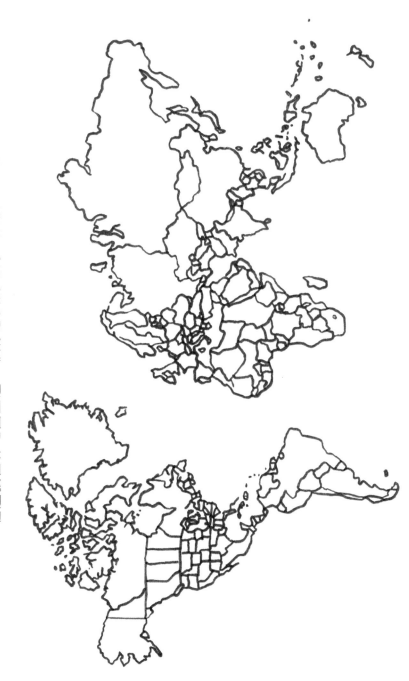

記得，你想去哪裡都可以。

have a heart
that never
hardens, and
a temper that
never tires, and
a touch that
never hurts.

Charles Dickens

願你的心永遠柔軟、耐性永遠都在，與你往來的人永不會受到傷害。

狄更斯

寫下在過去24小時裡，你為別人做的一件好事。

HAVE PATIENCE WITH EVERYTHING UNRESOLVED IN YOUR HEART.

Rainer Maria Rilke

對於所有未能解開的心事，要有耐心。

里爾克

想想最近有什麼困擾你的事，在這頁寫下來。不要急著解決，
只要專心將思緒寫出來就好。

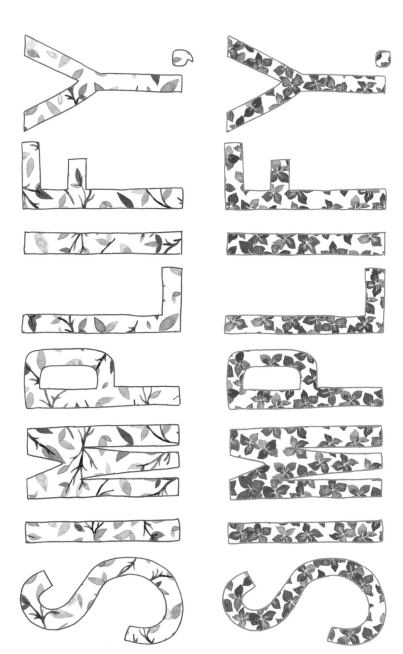

SIMPLIFY

HENRY DAVID THOREAU

簡化·簡化。

梭羅

如果你的人生只能擁有4樣東西，會是什麼？請畫在這頁上。

去探索。去作夢。去發現。

馬克・吐溫

就用今天去學一樣新的事物！寫下你學了什麼，還有過程中感覺如何。

throw your DREAMS into space LIKE a kite, AND YOU do not know WHAT it will bring back: A NEW LIFE, a new friend, A NEW LOVE, a new country.

ANAIS NIN

把夢想像放風箏一樣拋向空中，它會帶回來你意想不到的事物：有可能是新的人生、新的朋友、新的戀情，或者是新的國度。

阿內絲・尼恩

把你最熱愛、最瘋狂的夢想寫在一張紙上。

把紙折起來，放進一個玻璃瓶。

把瓶子丟到海裡！

THE WOUND

IS THE PLACE WHERE THE

LIGHT

ENTERS YOU.

RUMI

光會從傷口照進你的內心。

魯米

什麼會帶給你光亮？

YOU GET
TO DECIDE
what to
WORSHIP.

david foster wallace

你必須決定自己想要崇拜的是什麼。

大衛・福斯特・華萊士

圈出以下你最崇敬的事物。
然後，在你也很渴望的事物下面畫線，標示出來。

愛情

金錢

友情

音樂

鞋子

成功

誠實

名聲

美貌

力量

技能

知識

書籍

美食

外表

才能

信心

土地

慷慨

電影

讚賞

神祇

他人

文化

安靜

想像力

大自然

脆弱

企業

孤獨

安心

歡笑

享樂

慾望

大海

家庭

自尊

旅行

眼界

家人

fears are paper tigers.

AMELIA EARHART

恐懼是紙老虎。

愛蜜莉亞·厄爾哈特

在老虎身上寫下3個你最深的恐懼，然後塗滿顏色，直到看不見字為止。

C.S. LEWIS

親愛的心，要勇敢啊！

C.S.路易斯

深深地吸氣，吐氣，做8次。

放下雜念。

翻到下一頁。

if you want to BUILD A SHIP.
don't drum up people to COLLECT WOOD.
and DON'T ASSIGN THEM tasks AND work,
BUT RATHER teach them to LONG for
the ENDLESS IMMENSITY OF THE SEA.

ANTOINE DE SAINT-EXUPÉRY

如果你想建造一艘船，不必叫人收集木材，也不必指派什麼任務和工作，
而是要引導大家嚮往海洋的廣闊無邊。

安東尼・聖修伯里

我所熱愛的事物	能夠發揮這些熱情的目標

如果你發現自己身處在一個錯誤的故事裡，趕緊離開！

莫‧威樂

什麼是你希望可以放下的事物呢？

ANYTHING THAT GETS YOUR

blood racing

IS PROBABLY

worth doing.

HUNTER S. THOMPSON

任何令你熱血沸騰的事，應該都值得放手去做。

亨特 S. 湯普森

讓我興致高昂的事　　　　讓我興趣缺缺的事

IT IS NEVER TOO LATE TO BE WHAT YOU MIGHT HAVE BEEN.

GEORGE ELIOT

做真正的自己，永遠不嫌晚。

喬治·艾略特

我覺得為時已晚的事	永遠不嫌晚	要開始進行的話，我可以怎麼做
	還來得及、還來得及、還來得及、還來得及……	
	還來得及、還來得及、還來得及、還來得及……	
	還來得及、還來得及、還來得及、還來得及……	
	還來得及、還來得及、還來得及、還來得及……	

real courage is when you know you're licked before you begin, but you begin anyway and see it through no matter what.

真正的勇氣是，還沒開始之前就明知自己會失敗，可是還是去做了，而且無論怎樣困難都堅持到底。

哈波・李

列出4次雖然成功機率不大、但你仍然一直努力去做的經驗。

ONLY IN THE *darkness* CAN YOU SEE THE *stars.*

MARTIN LUTHER KING JR.

唯有在黑暗中，才能看見星星。

馬丁·路德·金恩博士

翻回前一頁。

從你所列出的困難經驗中，選一個，靜下心來回想那段經歷，
然後寫下從中你學到了什麼。

YOU CAN'T DEPEND ON YOUR
eyes WHEN YOUR *imagination*
IS OUT OF FOCUS.

MARK TWAIN

當想像力失焦，眼睛所見的也靠不住。

馬克・吐溫

走到戶外，把注意力放在雲朵、樹木和微風上。接著閉上眼，
想像自己輕輕飛起來。讓你的思緒自由馳騁。

覺得如何？把感受寫下來。

NO NEED TO HURRY, NO NEED TO SPARKLE, NO NEED TO BE ANYONE BUT ONESELF.

VIRGINIA WOOLF

不需要著急，不需要多耀眼，不需要成為別人，做你自己就好。

維吉尼亞・吳爾芙

我想成為什麼樣的人？ | 原因是什麼？

dismiss whatever insults your own soul.

walt whitman

甩掉任何會侮辱你靈魂的想法。

華特・惠特曼

想想有哪3個想法是你非常不贊同的，不僅傷害你的心靈，也對你的幸福有害。

把那些想法分別寫在3張紙上，然後撕成碎片！

the question isn't

WHO IS GOING TO LET ME,

it's

WHO IS GOING TO STOP ME.

ayn rand

問題不在於有誰要讓我去做，而是有誰能阻止我。

艾恩‧蘭德

我想做的	別人會怎麼看	別人會怎麼做

the sun
shines not
ON us,
but IN
us.

john muir

陽光不是照耀在我們身上，而是我們的心上。

約翰·繆爾

走出戶外，瞇起眼看太陽。

閉上眼睛。

深呼吸10次。

AN AWAKE
HEART IS
LIKE A SKY
THAT POURS
LIGHT.

HAFEZ

覺醒的心，就像灑下光芒的天空。

哈菲茲

靜坐20分鐘，沒有音樂、不出聲、不讀東西、也不寫東西。仔細留意這時心中所有的感受，想想這些感受浮現的原因，然後寫在下方空白處。

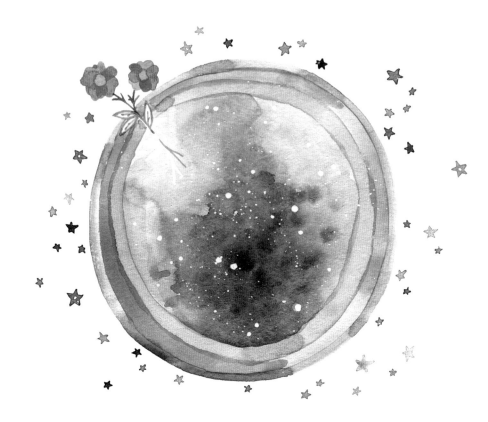

IT IS ONLY WITH THE *heart* THAT ONE CAN SEE RIGHTLY; WHAT IS *essential* IS INVISIBLE TO THE EYE.

ANTOINE DE SAINT-EXUPÉRY

只有用心才能真正看見；真正重要的東西，用眼睛是看不到的。

安東尼・聖修伯里

選一個你向來都用邏輯分析的問題。你可以試著透過用「心的眼睛」來思考這個問題嗎？

沒有人因為付出而變窮。

安妮·法蘭克

想想看，你最近給過別人什麼呢？
畫出來吧！

（小提醒：非物質上的給予也可以喔！）

I'M A GREAT BELIEVER

in luck

& I FIND THE HARDER

I WORK,

the more I

have of it.

THOMAS JEFFERSON

我非常相信運氣，我還發現，我越努力，運氣就越好。

湯瑪斯・傑佛遜

我需要運氣達成的事	如果不靠運氣，我可以怎樣做

live your life,,

LIVE YOUR LIFE,

LIVE *your* LIFE.

maurice sendak

過你的人生，過你的人生，過你的人生。

莫里斯·桑達克

寫下你可以從哪裡獲得以下這些：

快樂

愛

勇氣

友誼

力量

歡笑

SHEL SILVERSTEIN

萬葉同根。

謝爾・希爾弗斯坦

描述一件你讓他人對你敬而遠之的事情。

接著，描述這件事是如何將你和他人連接在一起。

TO live IS THE rarest THING IN THE WORLD. MOST PEOPLE exist, THAT IS ALL.

OSCAR WILDE

在這世上享受人生是很罕有的事，大多數人就只是存在而已。

奧斯卡·王爾德

將你曾經歷過的感受塗上顏色。

憤怒	受傷	嫉妒
快樂	壓力	挫敗
同理心	自豪	緊張
羨慕	尷尬	希望
厭惡	惱怒	內疚
羞恥	愛意	勇敢

有任何還沒塗上顏色的格子嗎？
告訴自己，一定要體驗過所有的感受！

WISDOM MEANS
TO CHOOSE *NOW* WHAT
WILL MAKE *sense*
LATER. I AM LEARNING
EVERY DAY *to* ALLOW THE SPACE
BETWEEN *where i am* AND
where i want to be, TO
INSPIRE ME
and not
TERRIFY ME.

TRACEE ELLIS ROSS

智慧是指，現在所做的選擇，對未來是有意義的。我每天努力學習，不要被
「現在的我」與「我希望成為的我」之間的差距嚇到，而是讓這個差距化為
激勵自己的動力。

崔西·艾莉絲·羅斯

目標	行動	希望的成果	實際成果

the only person you are destined to become is the person you decide to be.

RALPH WALDO EMERSON

你會成為什麼樣的人，是由你自己決定。

愛默生

你希望別人在你身上看到哪3個特質？

WE BECOME WHAT WE THINK ABOUT.

Earl Nightingale

我們心中想什麼，就會成為什麼樣的人。

厄爾‧奈汀蓋爾

你心裡最常浮現的3個念頭是什麼？

你希望自己最常想到的3個念頭是什麼？

THE ONLY JOURNEY IS THE ONE WITHIN.

RAINER MARIA RILKE

人生只有一場旅程：就是內在探索的旅程。

里爾克

根據你人生這3個面向的狀況，為這3個圓圈分別塗上顏色。

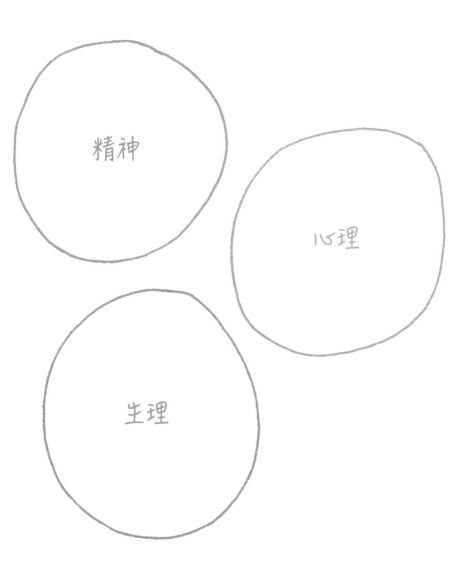

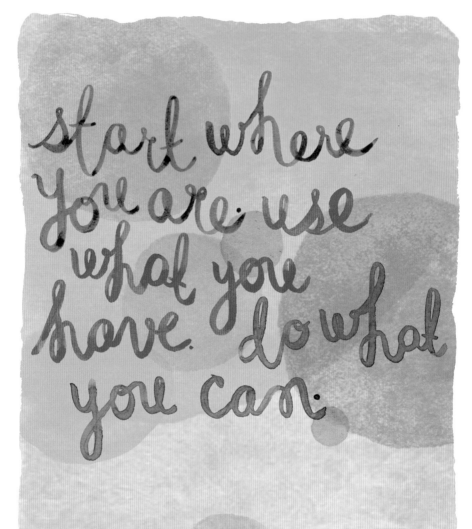

start where you are. use what you have. do what you can.

ARTHUR ASHE

從你所在的地方開始。善用你所擁有的。做你可以做到的。

亞瑟‧艾許

把在人生旅程中派得上用場的資源（例如，人脈、工具、點子）填入這些圖形中。

may your choices

-REFLECT YOUR-

hopes

NOT YOUR

fears.

NELSON MANDELA

願你所選擇的，是反映你的希望，而不是恐懼。

曼德拉

渴求的事物	要採取什麼行動獲得

這些行動反映了你的希望，還是恐懼呢？

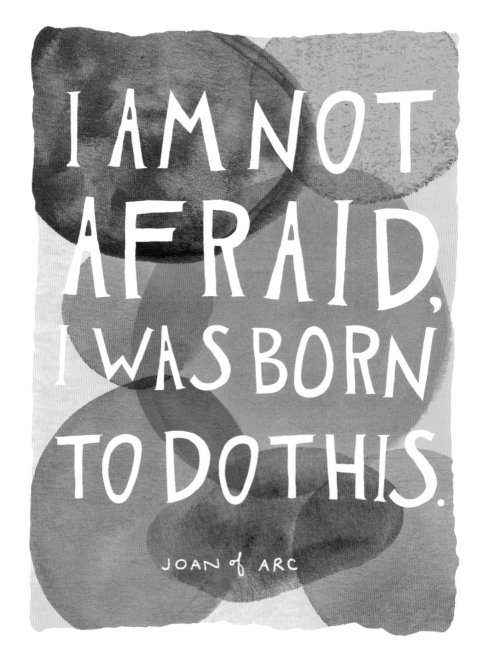

I AM NOT AFRAID, I WAS BORN TO DO THIS.

JOAN of ARC

我不害怕，因為這是我的使命。

聖女貞德

你人生中的使命是什麼？

寫下來，大聲念出來，讓它就像呼吸一樣自然。

翻到下一頁。

persistence guarantees that results are inevitable.

YOGANANDA

堅持不懈，結果就是必然的。

尤迦南達

閉上眼睛，想想自己心目中理想的人生，那種會讓你心滿意足、微笑起來的人生。寫在下方的山上，要寫得具體一些，而且要放進感情。

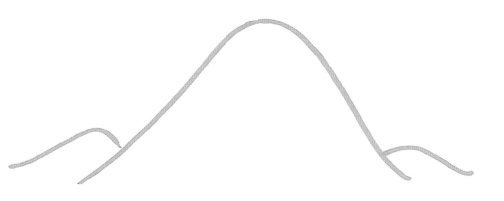

當生活中發生什麼事情讓你不開心、很煩惱的時候，就翻開這頁，提醒自己什麼才是你人生中最想要的東西。然後想想，你現在所做的，有讓你朝這座山前進嗎？

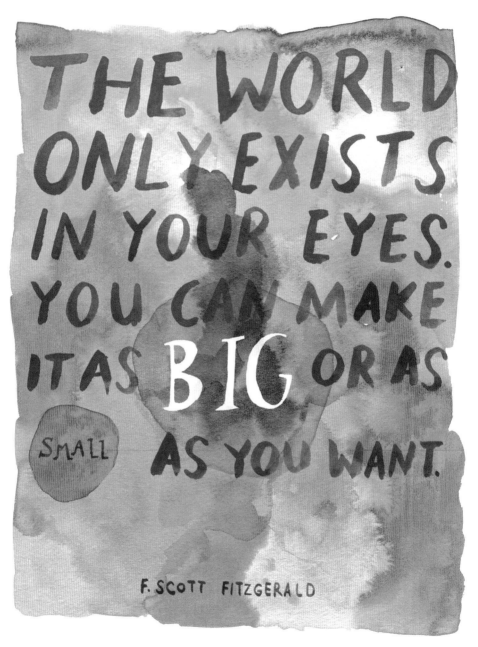

THE WORLD ONLY EXISTS IN YOUR EYES. YOU CAN MAKE IT AS BIG OR AS SMALL AS YOU WANT.

F. SCOTT FITZGERALD

這個世界是大是小，端視你怎麼看待，你想要多大多小都可以。

費茲傑羅

在下面的圈圈裡，填上你還有餘裕加入人生中的人、事、感受。

BE YOURSELF.
EVERYONE
ELSE
IS ALREADY
TAKEN.

oscar wilde

做你自己。其他人的角色都已經有人飾演囉！

奧斯卡·王爾德

畫一幅自畫像，用符合你個人特質的顏色和圖形來畫。

bUT ALL OF THE MAGIC
— I HAVE KNOWN —
I've hAD TO MAKE MYSELF.

SHEL SILVERSTEIN

所有我知道的魔法，我都得靠自己做到。

謝爾·希爾弗斯坦

你從無到有創造了許多事物。

寫下其中一個「從無到有」的經歷，什麼都可以：例如，一份
友誼、一段旋律，或是一個新的觀點。

IN THE MIDST OF
WINTER, I FOUND
THERE WAS, WITHIN
ME, AN INVINCIBLE
SUMMER.

ALBERT
CAMUS

即使在最寒冷的冬天裡，我的心中仍有火熱難敵的夏天。

卡繆

力量總是蘊藏在最深之處。
把你的力量泉源畫在這裡。

i took a
deep breath
and listened to the
old brag of my
heart.
i am. i am.
I AM.

SYLVIA PLATH

我深吸一口氣，聽著自己的心一如往常大聲誇耀：我存在，我存在，我存在。

希薇亞·普拉斯

深呼吸，想想自己在宇宙中的位置。
想想看，構成你這個人的元素，是如何也構成了地球、月亮和星星。

是的，你存在。

I KNEW
WHO I WAS
THIS MORNING, BUT
I'VE CHANGED
A FEW TIMES
SINCE THEN.

LEWIS CARROLL

今天早上我知道自己是誰，但在那之後，我又變了好幾次。

路易斯·卡羅爾

你經歷過哪些重大的轉變？依照時間順序，寫下來。

there is
not always
a good guy. nor
is there always
a bad guy. most
people are
somewhere
in between.

PATRICK NESS

世界上沒有絕對的好人，也沒有絕對的壞人，大部分的人都介於兩者之間。

帕特里克·奈斯

標出你在以下這些特質的位置。

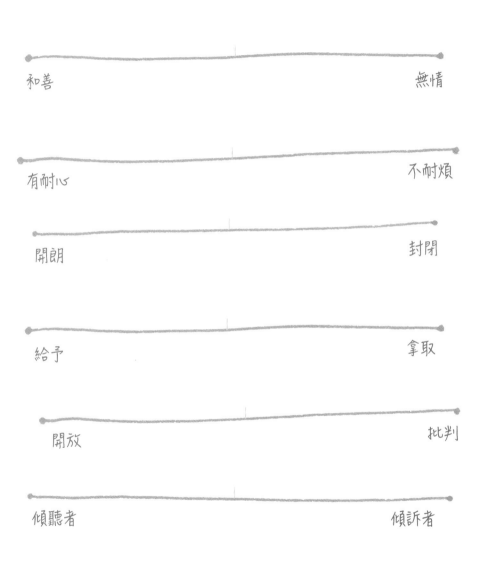

和善　　　　　　　　　　　　　　　　無情

有耐心　　　　　　　　　　　　　　　不耐煩

開朗　　　　　　　　　　　　　　　　封閉

給予　　　　　　　　　　　　　　　　拿取

開放　　　　　　　　　　　　　　　　批判

傾聽者　　　　　　　　　　　　　　　傾訴者

你希望自己的位置在哪裡？

還好我們聽不到自己在別人夢裡的尖叫聲。

愛德華・戈里

你影響了哪些人的生命？無論正面或負面，把他們畫下來。

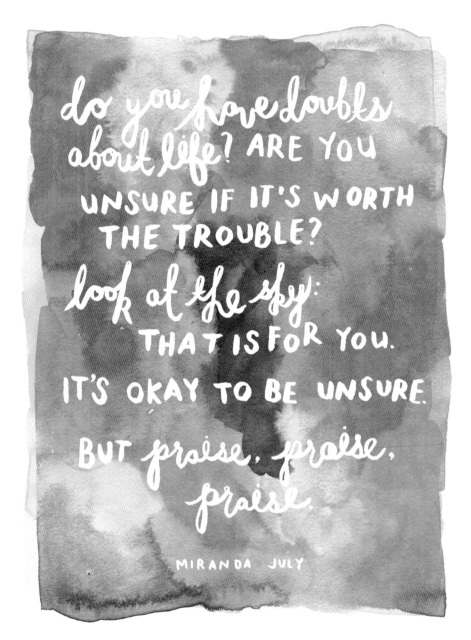

你對人生感到懷疑嗎？不確定人生這麼艱難到底值得嗎？抬頭看看天空：
天空為了你而存在。覺得不確定沒關係，只要感謝，感謝，再感謝。

米蘭達·裘麗

列出3個你認為身為人類值得感恩的事情。

在某個地方，有某個不可思議的東西，正等著被發現。

卡爾・薩根

找個晚上走到戶外，看看廣闊無邊的宇宙。

許個願，寫在這裡：

每個月都做一次這個練習，直到把這一頁寫滿心願為止。這些
願望會在這個世界裡漸漸成形。

vulnerability sounds like truth and feels like courage.

BRENÉ BROWN

脆弱聽起來像真理，感覺起來像勇氣。

布芮尼‧布朗

想一想你現在遇到的難關。你會如何用真理和勇氣去面對？

one never knows

ANTOINE DE SAINT-EXUPÉRY

未來充滿無限可能。

安東尼·聖修伯里

這一頁不是空白的。

這裡充滿無限可能。

你的未來正是如此。

be silly.
BE HONEST.
be kind.

RALPH WALDO EMERSON

要傻氣，要誠實，要善良。

愛默生

如果時光倒轉，回到童年，那時的你會給現在的自己什麼忠告呢？

BE PATIENT AND TOUGH.
SOMEDAY THIS PAIN WILL
BE USEFUL TO YOU.

ovid

要有耐心，要堅強，有一天，痛苦終將成為助力。

奧維德

你有哪些最深沈的痛苦常常會浮現心頭？想到什麼就直接寫下來（不要過濾或思索）。

把這頁全填滿，然後翻到下一頁。

THERE WAS ANOTHER LIFE THAT I MIGHT HAVE HAD, BUT I AM HAVING THIS ONE.

KAZUO ISHIGURO

我有機會過另一個人生，但我現在過的是這個人生。

石黑一雄

檢視一下自己現在的人生，你希望哪3個部分是和現況不一樣？你可以為這3個部分都找到值到感恩的理由嗎？

乍看之下可能困難無比，那就再看一遍，永遠都再看一遍。

瑪麗·安·瑞德馬撤

去年遭遇的最大挑戰	我如何克服

現在面臨的最大挑戰	我要如何克服

IT IS NOT DOWN
ON ANY MAP;
TRUE PLACES
NEVER ARE.

HERMAN MELVILLE

真正該前往的地方，從來就不在任何地圖上。

赫爾曼‧梅爾維爾

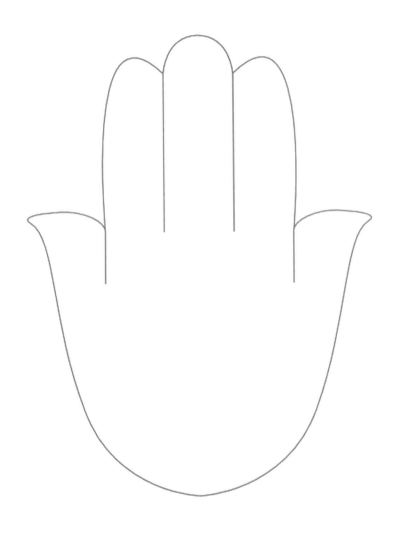

在這個手掌上，畫出你自己的人生地圖。

this above all:
to thine own self
BE TRUE.

WILLIAM
SHAKESPEARE

最重要的是，要忠於自我。

威廉·莎士比亞

閉上眼，想想看，什麼事情讓你最有活力，最生氣蓬勃？

把答案寫在這裡，時時用念頭和行動，一步一步實現。

附錄
本書英文引文

P. 1　Every answer is inside you.

P. 3　Start where you are.

P. 8　We must always be on the lookout for the presence of wonder.
　　　　——E.B.White（E.B.懷特，《夏綠蒂的網》、《英文寫作風格要素》作者）

P. 10　There are far, far better things ahead than any we leave behind.
　　　　——C.S. Lewis（C.S.路易斯，《納尼亞傳奇》作者）

P. 12　If you have good thoughts, they will shine out of your face like sunbeams and you will always look lovely.
　　　　——Roald Dahl（羅爾德·達爾，《吹夢巨人》作者）

P. 14　When you lose, don't lose the lesson.
　　　　——Dalai Lama（達賴喇嘛）

P. 16　Live in the sunshine, swim in the sea, drink the wild air.
　　　　——Ralph Waldo Emerson（愛默生，美國思想家、文學家、詩人）

P. 18　Have a heart that never hardens, and a temper that never tires, and a touch that never hurts.
　　　　——Charles Dickens（狄更斯，《孤雛淚》作者）

P. 20　Have patience with everything unresolved in your heart.
　　　　——Rainer Maria Rilke（里爾克，德國詩人）

P. 22　Simplify, simplify.
　　　　——Henry David Thoreau（梭羅，《湖濱散記》作者）

P. 24　Explore. Dream. Discover.
　　　　——Mark Twain（馬克·吐溫，《頑童歷險記》、《湯姆歷險記》作者）

P. 26　Throw your dreams into space like a kite, and you do not know what it will bring back: a new life, a new friend, a new love, a new country.
　　　　——Anaïs Nin（阿內絲·尼恩）

P. 28　The wound is the place where the light enters you.
　　　　——Rumi（魯米，蘇菲派神秘主義詩人）

P. 30　You get to decide what to worship.
　　　　——David Foster Wallace（大衛·福斯特·華萊士，《系統的掃帚》作者）

P. 32　Fears are paper tigers.
　　　　——Amelia Earhart（愛蜜莉亞·厄爾哈特，第一位美國女性飛行員）

P. 100 There is not always a good guy nor is there always a bad guy. Most people are somewhere in between.
——Patrick Ness（派崔克‧奈斯，《怪物來敲門》作者）

P. 102 It's well we cannot hear the screams we make in other people's dreams.
——Edward Gorey（愛德華‧戈里，美國作家、詩人、藝術家、插畫家）

P. 104 Do you have doubts about life? Are you unsure if it's worth the trouble? Look at the sky: that is for you. It's okay to be unsure. But praise, praise, praise.
——Miranda July（米蘭達‧裘麗，美國女導演）

P. 106 Somewhere, something incredible is waiting to be known.
——Carl Sagan（卡爾‧薩根）

P. 108 Vulnerability sounds like truth and feels like courage.
——Brené Brown（布芮尼‧布朗，《脆弱的力量》作者）

P. 110 One never knows.
——Antoine de Saint-Exupéry（安東尼‧聖修伯里）

P. 112 Be silly. Be honest. Be kind.
——Ralph Waldo Emerson（愛默生）

P. 114 Be patient and tough. Someday this pain will be useful to you.
——Ovid（奧維德，古羅馬詩人）

P. 116 There was another life that I might have had, but I am having this one.
——Kazuo Ishiguro（石黑一雄，《長日將盡》作者）

P. 118 At first glance it may appear too hard. Look again. Always look again.
——Mary Anne Radmacher（瑪麗‧安‧瑞德馬撤，美國作者）

P. 120 It is not down on any map; true places never are.
——Herman Melville（赫爾曼‧梅爾維爾，《白鯨記》作者）

P. 122 This above all: to thine own self be true.
——William Shakespear（威廉‧莎士比亞）

.